Impressum

Copyright © 2020 Gerd Scherm
Cover Design: Gerd Scherm & Friederike Gollwitzer
Redaktion: Friederike Gollwitzer
Herstellung und Verlag:
BoD – Books on Demand, Norderstedt
ISBN: 9783751943673

Drei starke Frauen

Lilith
Medea
Kassandra

Gerd Scherm

Vorwort

Sagen und Legenden faszinierten mich schon in jungen Jahren. Früh begegnete ich den alten griechischen Heldenfiguren bei der Schlacht um Troja und an anderen Schauplätzen der Antike. Die Namen der Helden waren mir so geläufig wie die unserer Nachbarn. Über die klassischen Götter bekam ich den Zugang zur Mythologie und schließlich zu den alten Tragödien. Medea kannte ich aus „Jason und die Argonauten" und Kassandra aus der Illias von Homer. Auf Lilith stieß ich erst später. Zuerst als Name einer Frauenbuchhandlung, dann bei meiner Beschäftigung mit der Kabbala und dem Baum des Lebens.

Für mich wurde Lilith zu einem Paradebeispiel, dass es keiner historischer Substanz bedarf, um eine Identifikationsfigur für Tausende zu werden. Die Geschichten über sie sind das, was man heutzutage als „fake news" bezeichnet.

In meinem lyrischen Monolog habe ich mir die Freiheit genommen, sie in einem „historischen" Rahmen selbst über sich und die fiktiven Geschehnisse sprechen zu lassen und mit Adam abzurechnen.

Wie ich zu meinem Gedicht „Medea" kam, berichte ich in meinem Essay in dieser Publikation. Sie verkörpert für mich die von ihrem machtbesessenen Geliebten ausgenützte Frau, die um ihrer Liebe willen alles opfert, selbst ihre Kinder.

Kassandra, die das Pech hatte, von einem Gott geliebt zu werden, gehörte bereits zum Personenkreis meines Romans „Die Irrfahrer", einer Parodie auf die Odyssee. Allerdings wird sie in meiner Version der Ereignisse um Troja gerettet. Aber das ist eine andere Geschichte. In meinem Gedicht erzählt sie, wie in einer klassischen Tragödie, voll verzweifelter Bitterkeit von ihrem grausamen Schicksal.

Die Synthese: Lyrik und Musik

Lyrics heißen Musiktexte auf Englisch und diese Bedeutung führt uns zu den Ursprüngen: Geschichten von fahrenden Sängern, den Rhapsoden, mit musikalischer Begleitung präsentiert. Homers Verse nennt man „Gesänge" und in gesungener Form hat man sie vorgetragen.

Es freut mich, dass mein Freund, der Komponist Manuel de Roo, meine lyrischen Monologe der drei mythischen Frauen Lilith, Medea und Kassandra vertont hat. Er hat dafür seine ganz eigene, zeitgemäße Umsetzung entwickelt.

Damit können wir die älteste Form der Literaturvermittlung aufgreifen und auf neue Art interpretieren.

Zur Musikgeschichte der drei starken Frauen:

Medea erschien 1649 durch ein Werk von Francesco Cavalli erstmals auf der Opernbühne und hat sie bis heute nicht mehr verlassen. Unzählige Komponisten haben in vielen Variationen ihre Geschichte vertont und als Oper, Ballett oder Modern Dance umgesetzt. Sex and Crime erfreut sich zeitloser Beliebtheit.

Dagegen scheint das Schicksal einer Prophetin, der keiner glaubt, viel weniger reizvoll. Kassandra tritt überraschender Weise in der Musik so gut wie nicht in Erscheinung. Eine interessante Ausnahme ist das Lied „Cassandra" von ABBA, in dem ein Mann sie betrauert und bereut, dass er ihr nicht geglaubt hat.

Die dritte im Bund, Lilith, machte zwar in der Frauenbewegung eine steile Karriere, auch als Name für Frauenbands. Als musikalisches Thema gibt es von ihr jedoch so gut wie keine Spuren.

11

Lilith: Die Legende von der ersten Frau

Die meisten sagen, die Geschichte fing mit Adam und Eva an, andere behaupten jedoch, gleich nach Adam betrat als zweite Person eine gewisse Lilith das Paradies und Eden war nie mehr wie vorher. Doch wer war oder wer ist eigentlich Lilith, diese geheimnisumwitterte Vorgängerin der Eva? Woher stammt sie und wie gelang es ihr, Jahrtausende später in unserer Zeit präsenter denn je ins Bewusstsein der Menschen zu gelangen?

Die Figur der Lilith, der sagenumwobenen ersten Frau Adams, ist besonders gut geeignet, die Fiktionalität und den Wandel von Mythen und Legenden zu erläutern.

Interessant ist, dass die Rolle der Lilith im Laufe der Jahrhunderte und Jahrtausende gravierende, sich widersprechende Veränderungen erfahren hat.

Die frühesten Spuren von Lilith, einer sumerischen Sturm- und Windgottheit, finden sich im dritten Jahrtausend v. Chr., also lange bevor jemand daran dachte, ein Buch namens Bibel zu schreiben.

In der altbabylonischen Mythologie ab ca. 1900 v. Chr. erscheint Lilith als doppelgesichtige Lilitu. Auf der einen Seite gilt sie als menschenfressende und somit gefährliche Gottheit, auf der anderen Seite vereinigen sich in ihr einige mythologische Aspekte der Ištar, der babylonischen Göttin der Liebe, dem Inbegriff des Weiblichen.

An den Flüssen von Babylon haben wohl die Juden in ihrem Exil im sechsten vorchristlichen Jahrhundert von Lilith gehört, doch erstaunlicher Weise finden sich von ihr so gut wie keine Spuren in der religiösen Literatur des Judentums. In der gesamten Bibel gibt es nur einen einzigen Hinweis auf Lilith:

„Es werden Wildkatzen auf Schakale treffen, ein ziegenbehaarter Dämon wird seine Gefährten rufen und dort wird auch die Lilith verweilen und ihre Behausung finden." Jesaja 34,14

Obwohl viele Internet-Seiten behaupten, die Geschichte von Lilith würde im Talmud erzählt, findet sich auch dort nur ein einziger, ziemlich rätselhafter Satz mit direktem Bezug zu ihr:

„Man soll nicht allein in einem Haus schlafen, und wer in einem Haus allein schläft, wird von Lilith geplagt."[i]

Keine Erwähnung des Paradieses, keine Spur von Adam, kein Diebstahl des geheimen Gottesnamens, nur eine Warnung, alleine im Haus zu schlafen, weil einem sonst Dämonen heimsuchen.

Zwei weitere Anmerkungen zu Lilith im Talmud beziehen sich darauf, dass eine andere Frau so langes Haar hat wie sie oder dass ein Sohn von ihr des Nachts auf einer Mauer auftaucht. Eine dritte Stelle sagt, dass Fehlgeburten, die eine Ähnlichkeit mit Lilith haben, von einer unreinen Mutter geboren wurden, vor allem, wenn das Kind Flügel hat.[ii]

Wenn von Lilith nichts in der Bibel steht und auch nicht viel Erhellendes im Talmud, woher dann all diese Informationen über sie? Aus dem überaus kuriosen Werk „Das Alphabet des Ben Sira".[iii]

Es ist eine Schrift, entstanden zwischen dem 8. und dem 10. Jahrhundert n. Chr., die Lebensweisheiten mit Satire ver-

bindet, Obszönitäten mit spitzfindigen religiösen Ausle-
gungen, geschrieben im Stil der Midrasch-Kommentare.

Die Religionshistoriker streiten sich, ob „Das Alphabet des
Ben Sira" als rabbinische Unterhaltungslektüre oder als an-
tijüdische Diffamierung gedacht war.

Das Buch beginnt mit einer Männer-Massen-
Masturbationsszene in einem Badehaus im Babylon Ne-
bukadnezars. Es erzählt von den Furzen einer Prinzessin,
urinierenden Eseln und dem Oralverkehr von Raben. Und
es berichtet von Adams erster Frau, der Lilith, die beim Ge-
schlechtsverkehr oben liegen wollte und deshalb mit Adam
und Gott in Streit geriet.

Ben Sira beantwortet aber auch Fragen, die aus der Kinder-
sendung Sesamstraße stammen könnten: Wie entfernt man
Haare? Wie viele Baumarten gibt es? Woran erkennt man
einen König? Wie kommt Wissen zustande? Gibt es einen
Unterschied zwischen Gott und Mensch?

Doch damit ist Liliths dynamische Mythos-Biographie noch
nicht zu Ende.

Ein paar Hundert Jahre später hat sie ihren nächsten großen Auftritt, diesmal im Rahmen der kabbalistischen Schriften, die von Spanien aus die Welt eroberten.

Heute findet man immer wieder die Behauptung, Lilith sei eine, wenn nicht die wichtigste Figur des Sohar, des zentralen Werks der Kabbalisten. Auch diese Aussage hält einer Überprüfung nicht stand. Zwar ist sie laut Sohar die erste Frau, wird aber nicht von Gott, sondern von Samael, also dem Teufel, erschaffen und treibt als Kinder mordender Dämon ihr Unwesen.[iv] Sie spielt auch eine wichtige Rolle in der so genannten „Bitterwasser-Prüfung" zur Überführung untreuer Ehefrauen. Ihre bedeutendste Rolle bekommt Lilith im Sohar als das weibliche Pendant und die Partnerin des gefallenen Engels Samael, auch Satan genannt. Zusammen verkörpern sie das Herrscherpaar der dunklen Seite des kabbalistischen Lebensbaums. Man sollte meinen, damit hätte der Mythos „Lilith" seinen Höhepunkt erreicht, doch es gibt noch eine Steigerung:

Im 20. Jahrhundert entdeckten frauenbewegte Kreise Lilith als Identifikationsfigur für Emanzipation und sexuelle Befreiung, zahlreiche Frauenbuchhandlungen und Frauencafés wurden nach ihr benannt.

Die Figur der Lilith ist die älteste Symbolgestalt der Frauenbewegung, schließlich war sie der Legende nach die erste Frau auf Erden und sie genießt nach wie vor eine immense Aufmerksamkeit. So gab es im Jahr 2015 eine literarische Ausschreibung für Erzählungen beim VSS-Verlag mit folgendem Wortlaut:

„Wie im Talmud berichtet wird, schuf Gott an Adams Seite eine Frau namens Lilith. Sie war diesem völlig gleichberechtigt und ebenbürtig, daher verstand sie sich als ein freies Wesen, dem Unterordnung völlig fremd war. Ihr stolzes und selbstbewusstes Auftreten, ihre Weigerung Adam zu dienen, stießen nicht gerade auf die Zustimmung Gottes, der Adam als Abbild seinesgleichen sah und damit ihren Freiheitswillen als Rebellion gegen sich verstand. Es wird weiterhin erzählt, dass Lilith beim Sex stets oben liegen wollte. Adam aber wollte sich die dominante Position nicht nehmen lassen, und schließlich kam es zum Eklat zwischen den

beiden. Lilith sprach den geheimen Namen des Herren "Schem Hammeforasch", eine Zauberformel, aus und flog davon. [...] Jahrtausende lang haben sich die Patriarchen aller Konfessionen redlich Mühe gegeben, Lilith als verteufeltes Weib darzustellen, die sich Männern als verruchte Verführerin und widerspenstige Gottesgegnerin entgegenstellt, um sie vom rechten Weg abzubringen. In die entgegengesetzte Richtung zielen die jüngsten feministischen Bemühungen, Lilith schlicht als Symbol für ihren eigenen Freiheitsdurst und Kampf um Unabhängigkeit zu sehen."[v]

An der stark variierenden Sicht auf Lilith erkennt man, dass eine mythische Figur völlig umgeformt werden kann. Von erotischer Gottheit über Kinder mordende Teufelin bis zur Urmutter der Frauenrechtlerinnen. Je weniger historische Informationen über eine Figur existieren, desto geheimnisvoller erscheint sie. Je mehr Freiräume sie bietet und desto besser kann man sie für die eigenen Zwecke aus- und umgestalten.

Meine Lilith

In Mythen und Legenden geht es nicht um historische Authentizität, sondern um die emotionalen Qualitäten. Sie sind die Funken, die in uns das Feuer entzünden, sei es das Feuer der Begeisterung oder das Feuer der Wahrheit. Deshalb spricht meine Lilith als die, zu der man sie geformt und verformt hat. Sie ist die enttäuschte wütende Frau, die aus dem Garten Eden floh, weil sie selbstbestimmt sein wollte. Sie zerstört den Heile-Welt-Paradies-Mythos und konfrontiert in ihrer Brandrede Adam mit der Realität.

Lilith

Im Paradies

Menschheit-Mutter
ungeboren Gebärende
ungefeiert, ungerühmt
bin ich nur ich
will auch nicht mehr sein
als ich war und bin
für immer – Lilith!

Die erste Frau auf Erden
die im Tageslicht besteht
und die Nacht nicht fürchtet
dem Mensch
dem Mann
zur Seite
Gefährtin
Liebende

Unser war das Paradies
Adam der Mann
und ich sein Weib
Gott gab mir viele Gaben
doch die Unterwerfung nicht
und Verbote bewahren selbst
die Engel nicht
vor dem Fleisch

Denn Gottes Söhne sahen
dass der Menschen Töchter
schön waren und
wohnten ihnen bei
zu zeugen die Helden
eurer Legenden[vi]
Doch in mir brannte
mehr als die Lust
Wissen begehrte ich
und nicht weniger
als die Welt

wollte ich
jenseits des Paradieses
Meine Zunge schmeckte Freiheit
und Hoffnung mein Herz

Doch sollte ich mich fügen
Begleiterin zu sein
im eng umschlossenen Raum
im einsamen Garten
ohne Zukunft
wo sich nur reiht
Tag an Tag an Tag

Lass mich gehen
sprach ich zu IHM
und sein Nein
weckte meinen Zorn
und ich sprach ihn aus
den geheimen Namen
den ER so sorgfältig verbarg
vor jedem Ohr

Da wuchsen mir
mächtige Schwingen
Flügel zu fliehen
über die Begrenzungen
meines Seins
hinaus, nur hinaus
in die Freiheit der Welt
um ich zu sein
Lilith
nur
Lilith: ICH

Die Anderen

Eva
die Lebensspendende
die Willfährige
hat ER ihm dann gegeben
angeblich aus Adams Rippe
damit sie ihm ja gehorche
die „Männin"[vii]
sein Weibchen
ohne Widerspruch

Kain
ihr Erstgeborener
war ein Kuckuckskind
dem Adam untergeschoben
es war so leicht
und er hat es geglaubt
bis zu seinem Tod
Dabei sagte sie doch selbst

sie habe ihn hervorgebracht
mit dem HERRN[viii]
Ein Halbgott war Kain
einer wie viele
damals in seiner Zeit

Abel
war nur ein Windhauch
geschaffen zu verschwinden
im Angesicht seines
göttlichen Bruders
eine flüchtige Vergänglichkeit
ein Nichts
ein verschollener Name
zwischen hier und dem Paradies

Adam
konnte mich nicht vergessen
die Erinnerungen an mich
und die lüsternen Träume

seiner Nächte neben Eva
ließen ihn kriechen
durch die Dornenhecken
die das Paradies beschützten
Sein zerkratzter Rücken
konnte seine Geilheit nicht lindern
selbst der kalte Grenzfluss
konnte sein Lendenfeuer nicht löschen
Er wollte nur zu mir
noch eine einzige Nacht
hier, bei mir, draußen
in der Sünde der Welt.

In der Welt

Jetzt, wo du vertrieben bist
aus dem Paradies, Adam
suchst du mich in der Welt
und weißt nicht wo,
doch es steht geschrieben,
wo ich zu finden bin:
„Es werden Wildkatzen auf Schakale treffen,
ein ziegenbehaarter Dämon wird seine Gefährten rufen
und dort wird auch die Lilith verweilen
und ihre Behausung finden."[ix]

Glaubst du wirklich,
du kannst einen Tag
in dieser Wildnis bestehen?
Glaubst du wirklich,
du bist stark genug
auf mondbeschienenen Hügeln
mit mir zu den Mächtigen zu flehen?

Adam
an dir klebt noch
der Honig des Paradieses
das Manna der Seligen
der frische Tau des Tages
der das Grauen noch nicht sah

In dieser Welt
gibt man Tieren keine Namen
man gart sie über dem Feuer
In dieser Welt
tanzt man nicht mit Blumen
hier malt man Korn
In dieser Welt
pflückt man keine Früchte
von verbotenen Bäumen
hier legt man die Axt
an den Stamm
und fällt ihn.

Dies ist die wirkliche Welt
die ER geschaffen hat
für unseresgleichen
das Paradies ist nicht einmal Erinnerung
es ist eine Vergangenheit
die wir nie hatten
die Lüge unserer hohen Geburt
damit wir noch mehr leiden
unter dem erlogenen Verlust.

Nein!
Ich will nicht länger im Feuer
der Wüsten verbrennen
will mich nicht verzehren
nach versteckten Oasen
will eine Heimat haben
und nicht nur
das Versprechen von ihr.

Ich
Weib aus zeitloser Zeit
der Mythos der Angst
und die Hoffnung der Utopie
Ich
bin die Legende
und das Körnchen
Wahrheit in ihr

33

Medea: Die Chronik einer betrogenen Frau

Im Jahr 2001 erzählte mir mein Freund, der Künstler Otmar Alt bei einem Besuch, dass er gerade für eine Ballett-Produktion des Theaters Hof die Bühnenbilder und Kostüme entwirft. Er fragte mich, ob ich Lust hätte, für das Programmheft lyrische Texte zu schreiben, die dem Projekt eine wunderbare weitere Dimension geben würden. Es ging um die Ballettmusik „Tanz der Farben" von Karel Szymanowski (1882-1937) und „Medea" von Samuel Barber (1910-1981). Nun, mit dem Thema „Farben" beschäftigte ich mich schon lange und Medea war ich während meiner Exkursionen in der Sagenwelt der Antike bei „Jason und den Argonauten" begegnet. Allerdings habe ich sie eher in der Nebenrolle eines teenagerhaft-naiven Weibchens erlebt, das für ihre erste große Liebe Vater und Land verrät und später zur eifer- und rachsüchtigen Ehefrau und Kindsmörderin mutiert. Ich sagte meinem Freund zu und begab mich auf die Spuren einer Frau von extrem zweifelhaftem Ruf.

Der Zugang zur Figur der Medea ist die Argonauten-Sage, eine Geschichte, die Homer in seiner Odyssee als altbekannt und viel besungen bezeichnet. Auf dem Schiff Argo, gebaut unter der Anleitung der Göttin Athene, fanden sich die berühmtesten Helden Griechenlands wie Herakles und Orpheus, Kastor und Pollux, Nestor und Theseus, auch der legendäre Seher Mopsos war an Bord.

Zur Handlung: Wir befinden uns in der „kultivierten" Antike, in der man missliebige Verwandte und rechtmäßige Thronfolger nicht einfach beim gemeinsamen Mahl vergiftete oder in einer dunklen Gasse erschlagen ließ. Die Methoden waren subtiler und meist so kompliziert, dass sich daraus wunderbare Sagen und Theaterstücke machen ließen.

So schickte der Thronräuber von Jolkos, ein gewisser Pelias, seinen Neffen Jason nach Kolchis, um dort das Goldene Vlies zu erbitten, verbunden mit dem Versprechen, ihm dann die Herrschaft zu übertragen, die ihm rechtmäßig zustand. Natürlich wusste er, dass es keinem Sterblichen gelingen würde, das sagenumwobene Widderfell zu erringen. Jason witterte die Falle, brach aber dennoch mit seinem Schiff Argo und seiner heldenhaften Besatzung auf.

Auch der König Aietes von Kolchis, von den Griechen Barbar genannt, pflegte „zivilisierte" hinterhältige mörderische Methoden und ließ den unverschämten Bittsteller nicht einfach massakrieren. Stattdessen stellte er unerfüllbare Bedingungen: Jason sollte das Goldene Vlies erhalten, wenn er mit feuerschnaubenden Stieren ein Feld pflügte, dort Drachenzähne säte und die aus der Saat aufsprießenden gepanzerten Krieger bezwänge.

Glücklicher Weise verliebte sich die Königstochter Medea in Jason und half mit ihrer Zauberkraft, die schwierigen Aufgaben zu erfüllen. Natürlich ahnte ihr Vater, dass die Magie seiner Tochter der Grund für Jasons Erfolg war.

Deshalb nannte er Jasons Erfolg Betrug und verweigerte die Herausgabe des begehrten Fells. Mit Hilfe von Medens Zauber raubten die Verliebten das Goldene Vlies und flohen aufs Meer.

In der Version des Ovid nahm Medea ihren Halbbruder Absyrtos, der noch ein Kind war, mit auf die Flucht. Um König Aietes und die Verfolger aufzuhalten, tötete und zerstückelte sie ihren Bruder und verstreute seine Einzelteile im Wasser. Während der trauernde Aietes die Leichenteile seines Sohnes einsammelte, um ihn bestatten zu können, gelang den Argonauten die Flucht.

Wenn man die Erzählungen aufmerksam liest, hatte Jason die verliebte Medea dazu gebracht, das für ihn zu erledigen, was man heute salopp „die Drecksarbeit" nennt. So auch anschließend die hinterhältige Beseitigung seines verhassten Onkels und Thronräubers Pelias. Medea, die Kräuter- und Zauberkundige, überredete diesen, sich einer Verjüngungskur zu unterziehen, deren wundersame Wirkung sie zuvor an Jasons Vater und an einem alten Widder demonstriert hatte. Das überzeugte Pelias, der nun auch ein Verjüngungsbad begehrte. Medea bereitete einen Kessel mit heißem Kräutersud und die Töchter des Königs setzten ihren geliebten Vater in freudiger Erwartung in das Bad.

Allerdings verwendete Medea diesmal eine andere Kräutermischung und der schreiende Pelias kam vor den Augen seiner Töchter elendig ums Leben.

Damit war der Thron von Jolkos für Jason endgültig verspielt und er floh mit Frau und Kindern nach Korinth. Dort erkannte der gescheiterte Thronanwärter schnell, dass es doch noch eine Chance gab, König zu werden. Dazu musste er nur die Königstochter Glauke heiraten, die sich in ihn verliebt hatte. Kurzerhand verstieß er Medea samt den gemeinsamen Kindern und machte der Prinzessin einen Antrag.

Jason hätte die Verlassene und die immense Größe ihres Zorns eigentlich kennen müssen, doch die Aussicht auf den Thron von Korinth versetzte ihn in einen Taumel der Vorfreude und trübte seinen Blick. Als Medea der Braut ein prächtiges Festgewand als Zeichen der Versöhnung schenkte, überredete Jason die misstrauische Glauke dazu, dieses als Geste der Versöhnung anzunehmen und zur Hochzeitsfeier zu tragen. Doch kaum hatte die Braut das Kleid angelegt, wirkte das Gift im Gewand und Glauke stand in

Flammen. König Kreon versuchte seine Tochter zu retten, doch er starb ebenfalls im Feuer. So wurde Jason König von Korinth, dank Medea. Allerdings war dies das Ende der Beziehung von Jason und Medea. Die Betrogene wusste, was die Korinther ihr und ihren Kindern antun würden. Deshalb tötete sie aus Liebe ihre Söhne im Tempel der Hera, um sie der Rache und den Torturen der Korinther zu entziehen. Sie selbst floh in einem von Drachen gezogenen fliegenden Wagen, den ihr ihr Großvater, der Sonnengott Helios, geschickt hatte.

Meine Recherchen ergaben, dass die meisten Mythenforscher der Gegenwart Jason als den Helden und Medea als die rücksichtslose grausame Hexe darstellen. Auch so genannte Sachbücher wie das „Who's who in der antiken Mythologie" von Gerhard Fink machen da keine Ausnahme. Darin ist zu lesen: *„Er (Jason) lebte nun längere Zeit mit ihr und ihren beiden Kindern in Korinth, bis er der Barbarin überdrüssig wurde und er sich mit der Tochter des Königs Kreon, Glauke, vermählen wollte."*

Keine Rede davon, dass Jason Medea verstieß, um König von Korinth zu werden. Später heißt es im Text: *„Um Jason noch schwerer zu treffen, erstach Medea auch ihre beiden Söhne ..."*. Das Töten der Kinder wird hier zur Rache an Jason interpretiert. Keine Rede davon, dass Medea ihre Kinder vor den Grausamkeiten bewahren wollte, die ihnen die Korinther antun würden.

Wenn man die Entwicklung der Sage von Medea betrachtet, erkennt man eine zunehmende Verdunklung der anfänglich unschuldigen, von keinem schweren Verbrechen befleckten Figur.

„Die Grundidee der ursprünglichen Argonautensage ist, dass ein Zusammenwirken von heldenhafter Tapferkeit und übermenschlicher Macht erforderlich ist, damit das unmöglich Scheinende gelingt. Die Götter belohnen Jasons Heldentum, indem sie ihm eine Frau von göttlicher Abstammung schenken. Nach der Heimkehr leben die beiden als glückliches Ehepaar und erfreuen sich ihrer Nachkommenschaft."[x]

Nach der von Eumelos von Korinth (Epiker 8. Jh. v.Chr.) überlieferten Version brachte Medea die Kinder jeweils nach der Geburt in den Heratempel und verbarg sie dort, um sie durch einen Zauber unsterblich zu machen. „Dies war erforderlich, da die Kinder wegen der Sterblichkeit ihres Vaters sterblich waren, obwohl Medea als Enkelin des Sonnengottes zu den Unsterblichen zählte. Das Vorhaben misslang jedoch und die Kinder kamen dabei ums Leben. Jason ertappte Medea und weigerte sich, ihr den Tod der Kinder zu verzeihen. Daraufhin trennte sich das Paar, Jason kehrte nach Jolkos zurück."[xi]

Mit ihrer Zauberkunst, die eigentlich konstruktive Ziele verfolgte, den Schutz in Gefahren und die Erlangung von Unsterblichkeit, gerät Medea in der Wahrnehmung und Interpretation immer mehr auf die dunkle Seite. Sie tötet Menschen und wird so zur Mörderin. In der antiken Literatur ist sie nun eine Figur, die zunehmend pathologische Züge bekommt, die sogar ihre eigenen Kinder mit Vorsatz umbringt.

Ovids Medea betont, dass sie, von der Liebe überwältigt, bewusst gegen ihr besseres Wissen handelt: *„Ich sehe und erkenne das Bessere, doch folge ich dem Schlechteren"* und *„Nicht Unkenntnis des Wahren wird mich verleiten, sondern die Liebe".*[xii]

In einer frühen Überlieferung gelangt Medea am Ende in das Heldenparadies Elysion. Dieser höchst ehrenvolle Abschluss von Medeas Wirken muss aus einem alten Sagenzusammenhang stammen, in dem sie noch keine Verbrecherin ist.[xiii]

Ich beschloss, Medea meine Stimme zu leihen, um ihr die Chance zu geben, die Geschichte aus ihrer Perspektive vorzutragen.

Ich, Medea

Geboren im alten Land
Priesterin der Dunklen Mutter
Herrscherin der Nacht
in die Liebe geworfen
von Amors Pfeil

Von der Menschen Unverstand
nur eine Barbarin genannt
war ich nichts als ein liebend Weib
als ich den Vater verriet
und den Bruder zum Opfer gab

Mit Jason segelte ich
ihm zu helfen in jeder Gefahr
mit Jason schlief ich
unter dem Goldenen Vlies
im Augenblick des Glücks

In seiner Heimat
die nie die meine war
rächte ich mich für ihn an Pelias
der Jason einst mit der Argo
in den scheinbar sicheren Tod gesandt

Der Lohn für diese Tat hieß Exil
im stolzen Korinth
wo ich, die zauberische Barbarin
dem attischen Helden Jason
zwei Kinder gebar

Zehn Jahre währte mein Glück
als Fremde in einer fremden Welt
bis Jason mich verstieß
um einer Krone willen
und des Ruhmes und der Macht

Ohne mich
wäre sein Fleisch längst verrottet
seine Knochen in der Fremde gebleicht
sein Name vergessen
im attischen Reich

Wie einst die Liebe
in mir lodernd brannte
wuchs nun in mir
ein Sturm des Hasses
grenzenlos

Wer so große Liebe gab
wie ich, Medea
der erduldet nicht schweigend
der brennt und verbrennt alles
was ihm seine Liebe nimmt

So sandte ich Glauke, der Braut
ein magisches Hochzeitskleid
auf dass sie Medens Liebesfeuer
am eigenen Leib erfahre
und sie in meiner Liebe Flammen stand

Meine Kinder gab ich Hekate
sie zu bewahren
vor der Korinther Zorn
im Drachenwagen floh ich
die rasende Menge unter mir

Fragt nicht nach Jason
dem Verräter an seinem Weib
er wandert nun rastlos
und stiehlt den Hunden
ihr Brot

Fragt lieber nach Medea
im strahlenden Athen
verraten ein zweites mal
von einem griechischen Helden
dem sie schenkte einen Sohn

Und wieder musste ich fliehen
als barbarische Hexe verbannt
nun nach langer Reise heimgekehrt
bin ich in Frieden mit dem Vater
und meinem Land

Ich trauere mit allen
deren Liebe wie die meine
endet in ruchlosem Verrat
Ich, Medea
die immer noch brennt

49

Kassandra:
Die Geschichte einer unglücklichen Frau

In der griechischen Mythologie ist Kassandra die Tochter des trojanischen Königs Priamos und damit die Schwester von Hektor und Paris.

In der Ilias, der Beschreibung des Krieges um Troja, setzt der Dichter Homer die Schönheit Kassandras der von Aphrodite gleich. Allerdings ist die trojanische Prinzessin in seinem Epos noch keine Seherin.[xiv] Während in der archaischen Periode der altgriechischen Literatur Kassandra noch keine weiteren Besonderheiten aufweist, rückt sie in der klassischen Periode mehr in den Fokus und wird zur hellsichtigen tragischen Heldin.

Der Legende nach schenkte der Gott Apollon Kassandra wegen ihrer Schönheit und um sie zu becircen die Gabe der

Weissagung. Als sie jedoch seine Verführungsversuche zurückwies, wollte er diese Fähigkeit wieder zurücknehmen.

Da jedoch auch Götter in ihrem Wirken Beschränkungen unterliegen, gelang ihm dies nicht. Daraufhin verfluchte er sie, auf dass niemand ihren Weissagungen Glauben schenken sollte. Von einer Kassandra, die Apollons Liebe abgelehnt hat, gibt es in der altgriechischen Literatur vor dem Drama „Agamemnon" des Aischylos keine Spur.[xv]

Erst mit diesem Dichter begann die Veränderung der Figur, die dann Euripides weiter ausgestaltete. Seither galt sie in der antiken Mythologie als tragische Heldin, die zwar das Unheil voraussah und ankündigte, aber nie Gehör fand. Derartige ignorierte Warnungen werden auch heute noch als Kassandrarufe bezeichnet.[xvi]

Kassandra riet ihren Eltern schon sehr früh, ihren Bruder Paris zu töten, weil sie vorhersah, dass er Troja großes Unheil bringen würde[xvii], und gegen Ende des Krieges warnte sie den König und seine Krieger vergeblich vor der Hinterlist der Griechen und dem Trojanischen Pferd. Doch wieder schenkte man dem „verrückten Weib" keinen Glauben und die Stadt ging unter.

Nach der Eroberung Trojas wurde Kassandra von Ajax dem Lokrer im Tempel der Athene, in den sie sich geflüchtet hatte, vergewaltigt. Bei der Aufteilung der Siegesbeute beanspruchte Agamemnon, der Anführer der Griechen, Kassandra als Sklavin und nahm sie mit nach Mykene. Doch bald nach der Ankunft in der Burg wurde dieser von seiner Frau Klytaimnestra und deren Geliebten im Bad erdolcht. Kassandra, die wegen ihrer seherischen Gabe um das Schicksal von Agamemnon wusste und es vorhergesagt hatte, wurde deshalb kurz danach ebenfalls von den beiden erstochen.

Im Laufe der Zeit verkam Kassandra zum literarischen Klischee, zur Figur, die durch unheilschwangere Prophezeiungen ein Theaterstück mit dunkler Dramatik würzt.

Eine ekstatische Person, die Emotionen auf die Bühne bringt, die Tobsuchtsanfälle bekommt, weil ihr niemand Glauben schenkt.

Kassandras Ende war „Sex and Crime" pur – Vergewaltigung, Versklavung und Ermordung durch die Ehefrau des Sklavenhalters.

Ihr Leben und ihr Ende machten sie zur Märtyrerin, ihre tragische Geschichte inspirierte Rebellinnen.

Ich bewundere Kassandra. Man stelle sich vor: Eine wunderschöne Frau, begehrt von dem Gott Apollon, empfängt als Geschenk die Fähigkeit der Weissagung und sie wagt es, seine Liebe zurückzuweisen. Gut, Apollon war ein Schwerenöter, die Zahl seiner weiblichen und männlichen Geliebten Legion. Aber ist es die Gabe der Hellsichtigkeit nicht wert, eine Liaison mit dem schönsten aller Götter einzugehen?

Doch Kassandras Stolz und ihre Prinzipien waren stärker als die Verlockung.

Ich vermute, dass die Gefühle Apollons für Kassandra tiefer waren, als die zu seinen anderen Liebschaften. Ein Hinweis darauf ist der Befehl des Gottes an den Orestes, dessen eigene Mutter Klytaimnestra zu töten, um den Mord an Agamemnon zu rächen. Doch warum sollte Apollon an der Mörderin des griechischen Heerführers Rache nehmen? Blieben doch fast alle Verbrechen während des Krieges und nach dem Fall von Troja ungesühnt.

War das wirkliche Motiv für die Rache des Gottes vielleicht ein ganz anderes? Liegt es nicht näher, Klytaimnestra für die Ermordung der von Apollon immer noch geliebten Kassandra zu bestrafen? Mir scheint, hier schließt sich ein mythischer Kreis: Nemesis, die Rachegöttin, ist ausgerechnet die Mutter der schönen Helena. Helenas Entführung durch Kassandras Bruder Paris war die Wurzel all des Unglücks und all der Grausamkeiten, die Troja erdulden musste.

Kassandra, die Seherin

Intro

Lass Dir sagen wie es ist,
auf den Zinnen zu stehen
und zu erblicken, was morgen geschieht.

Lass Dir sagen wie es ist,
vor einer Mauer zu stehen
und zu erblicken, wer dahinter stirbt.

Du denkst, es sei eine Göttergabe,
ein Geschenk oder gar eine Ehre.
Grausam ist's und es verdunkelt dein Leben.

Wie so oft, war Liebe der Beginn
Apollon war entbrannt in Begierde
im Begehren nach mir: Kassandra.

Ich, Tochter des Königs von Troja,
Schwester des Hektor und des Paris,
ein Kind königlichen Geblüts.

Apollons Geschenk

In jener Zeit meiner Jugend,
als Paris noch nicht
anderer Männer Weiber begehrte,
sondern Schafe und Ziegen hütete
in den Auen der fruchtbaren Troas,
erblickte mich Apollon und entflammte.

Er lockte mich, umgarnte mich,
schmeichelte mir mit süßen Worten,
stellte mich gar der Aphrodite gleich
in meiner Schönheit und Anmut,
schenkte mir den Blick der Prophetie,
um mich für sich zu gewinnen.

Ich kenne der Götter Lust und Launen
und weigerte mich, sein Spielzeug zu sein,
was ihn in großen Zorn versetzte,
worauf er meine Sehergabe widerrief,
was ihm jedoch nicht gelang,
selbst Göttern sind Grenzen gesetzt.

Die Strafe

So wurde das Geschenk zum Fluch,
denn Apollon bestimmte für alle Zeit,
dass kein Mensch mir Glauben schenke
und der Kassandra Rufe verhallen.
Botschaften ohne Wirkung, ohne Folgen,
ein geschwätzig Weib, mehr nicht.

Ich war verletzt und traurig,
ich war böse, zornig und rasend.
Früh wusste ich um die Untat meines Bruders,
sah ich das Unheil, das Paris gebar.

Doch man lachte nur, verdammte mich,
weil ich zum Mord an meinem Bruder riet.

Ich warnte vor dem hölzernen Pferd,
so wie Laokoon es vor mir getan.
Ich sah Troja brennen, lange vor dem Sturm.
Doch ich war nur das dunkle Weib,
die krächzende königliche Lügen-Unke,
längst der Verdammnis preisgegeben.

Wie alles begann

Es begann mit einer fröhlichen Hochzeit,
ein rauschendes Fest von Menschen und Göttern
bis Eris ihren goldenen Zankapfel rollte,
in die ausgelassene Feierschar.
„Für die Schönste" prangte die Schrift
und schon lagen die Göttinnen im Streit,
welcher der Preis gebührte.

Selbst Zeus wagte nicht zu entscheiden
und ließ meinen Bruder Paris kommen,
dass ein Menschensohn die Entscheidung träfe.

Hera versprach ihm die Herrschaft über die Welt,
Athene bot ihm Stärke und Weisheit,
Aphrodite hingegen die Liebe der schönsten Frau.
Mein Bruder, selbst einer Nymphe Gemahl,
erglühte in Begierde nach diesem Preis,
vergessen war sein liebend Weib Oinone
und der gemeinsame Sohn Korythos.
Helena war nun all sein Sinnen und Trachten.
Paris achtete kein Omen, keine Ermahnung.
So verriet er seine Heimat Troja,
sein Weib, sein Kind, seine Ehre.

Trojas Untergang

Homer, der große Rhapsode,
besang meiner Heimat Untergang,
pries die Schlauheit des Verrats
und machte Schlächter zu Helden.

Wie soll ich das unsagbare Leid
in Menschenworte fassen?
Mit welchen Liedern soll ich klagen,
die kein Mund je geformt?

Wohin mit all den Todesschreien?
Mit dem Sirren tödlicher Pfeile?
Mit dem Klang berstender Knochen?
Mit dem Weinen der Mütter und Kinder?

Ich kann die Namen all der Toten nicht nennen,
ihr werdet ihnen selbst eines Tages begegnen,
nach eurer Reise zu den Ufern des Styx,
im Jenseits zu siedeln als ihre Nachbarn.

Nur mein eigen Schicksal will ich beweinen,
von Ajax in Trojas Tempel der Athene
vergewaltigt vor der Göttin heiligen Altar,
von Agamemnon verschleppt und versklavt

Die Rache

Ich habe die Götter hassen gelernt
und ihre Bastarde noch viel mehr,
doch die Schlimmsten sind Menschen,
die um ihrer eigenen und der Götter Ehre
ihre Schandtaten mit Lorbeer bekränzen.
Sie alle liebten das Spiel,
das die Götter und die Moiren ersannen,
jeder auf seinen Vorteil bedacht.

Zu verlockend war der Glanz des Ruhms
zu gierig machte der Beute Pracht,
dass man Blut aus gold'nen Kelchen soff
und sich am Fleisch der Opfer labte.

Die Göttinnen der tödlichen Dunkelheit
hielten reiche Ernte in jener Zeit.
Nyx, die Nacht geboren aus dem Chaos
und ihre Töchter Eris und Nemesis,
die eine Wurzel von Zwietracht und Streit,
die andere Herrin der Rache und des Zorns,
und die Tochter der Nemesis: Helena.
Der Schatten der grausamen Vier
kam über mein geliebtes Troja
und verschonte auch die Griechen nicht.
Kaum einer unserer Feinde
sah seine Heimat wieder
und wer sie denn wiedersah,
fand ein blut'ges Ende

Doch Homer, der Schlachtenbote
sang ein lockend Lied, sirenengleich,
so verführerisch der Helden Glorie,
dass es Feldherrn und Krieger rief,
über Äonen von Schlacht zu Schlacht.
Der Preis des Ruhms ist stets der gleiche:
Blut und Blut und Blut und Blut

Anhang

 **Gerd Scherm**, 1950 in Fürth geboren und aufgewachsen, lebt seit 1996 mit seiner Frau Friederike Gollwitzer in einem alten Fachwerkgehöft in Binzwangen bei Colmberg. Gerd Scherm ist Schriftsteller und bildender Künstler. Er arbeitete zehn Jahre als Kreativdirektor für Rosenthal und organisierte u.a. die Selber Literaturtage und die Künstlertage auf der Mathildenhöhe in Darmstadt. Sein reiches literarisches Spektrum umfasst Theaterstücke, Romane, Erzählungen, Kurzgeschichten, Satiren, Libretti und Essays. Einer seiner Schwerpunkte liegt in der Lyrik, die er meist in künstlerisch-bibliophiler Ausstattung präsentiert und die auch immer wieder zeitgenössische Komponisten zu Vertonungen anregt.

Gerd Scherm war u.a. Gastdozent an der Freien Universität Berlin und an der Universität St. Gallen im Fachbereich Kultur- und Religionssoziologie. Er wurde vielfach ausgezeichnet, u.a. mit dem Literaturpreis der Bayerischen Akademie der Schönen Künste und dem Deutschen Phantastik Preis.

Auszeichnungen:

2020 Gregor Calendar Award of Excellence

2018 Deutscher Phantastik Preis

2017 Dr. Bernard-Beyer-Medaille

2013 „Künstler des Monats" Juni der Metropolregion Nürnberg

2010 Förderung des Dramas „Alexander der letzte Markgraf" mit 20.000 € durch das Bayerische Staatsministerium für Wissenschaft, Forschung und Kunst

2007 Turmschreiber auf Burg Abenberg

2006 Literaturpreis der Bay. Akademie der Schönen Künste

2004 BoD AutorenAward auf der Leipziger Buchmesse

2001 Paulskirchen-Medaille

1998 Matthias-Claudius-Medaille, Berlin

1995 Stipendium des Auswärtigen Amtes, Schottland-Aufenthalt

1995 Wolfram-von-Eschenbach-Förderpreis

1977 Rosenthal Grenzland-Lyrik-Preis

1974 Stipendium des Auswärtigen Amtes, Aufenthalt in Italien

1972 Kulturförderpreis der Stadt Fürth

Manuel de Roo,
geboren 1979 in Den Haag, Niederlande, erhielt ersten Gitarrenunterricht bei Hans-Georg Kuch in Esslingen am Neckar und studierte bei Peter Heiß am Konservatorium in Inns-

bruck, wo er 2003 mit einem Schwerpunkt auf zeitgenössische Musik sein Diplom mit Auszeichnung erhielt. Wertvolle Hinweise bekam er auch in diversen Meisterkursen mit Gitarristen wie Leo Brouwer, Abel Carlevaro, John Dearman, David Gilmore, Carlo Marchione, Thomas Müller-Pering, Erkan Ogur, Alvaro Pierri, David Russell, Hopkinson Smith, Pavel Steidl und Scott Tennant.

Er studierte bis 2005 in einem individuellen Magisterstudium Komposition und Neue Medien bei Reinhard Febel an der Universität Mozarteum in Salzburg. Von 2003 bis 2005 war er Vorsitzender der Hochschülerinnen- und Hochschülerschaft an der Universität Mozarteum.

Im Jahre 2004 war er Teilnehmer im Fach Dirigieren bei der Internationalen Ensemble Modern Akademie in Schwaz.

Ab 1997 wurde er regelmäßig für Konzerte, Musical- und Opernproduktionen vom Tiroler Landestheater, dem Salzburger Landestheater und dem Mozarteum Orchester Salzburg engagiert. Dabei entstand ein umfassendes Repertoire an Orchesterliteratur. Er ist Mitglied beim „oenm" - Österreichisches Ensemble für Neue Musik in Salzburg und hat wiederholt mit den Bamberger Symphonikern und den Wiener Philharmonikern zusammengearbeitet. Konzertreisen führten ihn u.a. nach Budapest, Mailand, Stockholm, Venedig, zu den Salzburger Festspielen oder zuletzt mit Kammermusikpartnerin Angela Isidora Leal Rojas zum Diabelli Sommer Mattsee.

Kompositionsaufträge erhielt er u.a. vom Festival Klangspuren Schwaz, dem Theater Heidelberg sowie der Salzburg Biennale.

Aus der Partitur „Lilith"

Abbildungen:

Fussnoten

[i] Talmud Shabbat 151b

[ii] Talmud Nidda 166: v6, 24b

[iii] „Das Alphabet des Ben Sira: Hebräisch-deutsche Textausgabe mit einer Interpretation", Dagmar Börner-Klein, Marix-Verlag 2007

[iv] Sohar 1: 19b - Bereshit: Passagen 98-102

[v] Webseite des VSS-Verlags 25.03.2015

[vi] Bibel, Genesis 6: 1 Und es geschah, als die Menschen begannen sich zu mehren auf der Fläche des Erdbodens, und ihnen Töchter geboren wurden, 2 da sahen die Söhne Gottes, dass die Töchter der Menschen schön waren, und sie nahmen sich zu Weibern, welche sie irgend erwählten. 3 Und Jehova sprach: Mein Geist soll nicht ewiglich mit dem Menschen rechten, da er ja Fleisch ist; und seine Tage seien hundertzwanzig Jahre. 4 In jenen Tagen waren die Riesen auf der Erde, und auch nachher, als die Söhne Gottes zu den Töchtern der Menschen eingingen und diese ihnen gebaren. Das sind die Helden, welche von alters her waren, die Männer von Ruhm gewesen sind.

[vii] Bibel, Genesis 1: 2,23

[viii] Bibel, Genesis 1: 4,1

[ix] Bibel, Jesaja 34,14

[x] Die Entwicklung der Iason-Medeasage und die Medea des Euripides. In: Kurt von Fritz: Antike und moderne Tragödie, Berlin 1962, S. 322–429, hier: 326 f.

[xi] https://de.wikipedia.org/wiki/Medea, Version 24.08.2020

[xii] Ovid, Metamorphosen 7,20 f.; 7,92 f.

[xiii] Siehe zu dieser Überlieferung Alain Moreau: Le mythe de Jason et Médée. Paris 1994, S. 60.

[xiv] Homer, Ilias 24,697–706

[xv] Gemelli L. (2000) Die 'weise' Kassandra: Interpretation und Umgestaltung einer Figur in den Troerinnen des Euripides. In: Morenilla C., Zimmermann B. (eds) Das Tragische. J.B. Metzler, Stuttgart.

[xvi] Aischylos, Agamemnon 1199–1212

[xvii] Euripides, Andromache 297 f.; vgl. Richard Engelmann: Kassandra. In: Wilhelm Heinrich Roscher (Hrsg.): Ausführliches Lexikon der griechischen und römischen Mythologie. Band 2,1, Leipzig 1894, Sp. 976